# ANALIZA KSIĄŻKI

AF131995

# Dziewczyna z perłą

• • • • • • • • • • • • • • •

## Tracy Chevalier

# ANALIZA KSIĄŻKI

Napisany przez Magali Vienne
Przetłumaczony przez Kâmil Kowalski

# Dziewczyna
# z perłą

TRACY CHEVALIER

# TRACY CHEVALIER

## AMERYKAŃSKA POWIEŚCIOPISARKA

- **Urodzona w 1962 roku w Waszyngtonie**
- **Godne uwagi prace:**
  - *Błękitna sukienka* (1997), powieść
  - *Dziewczyna z perłą* (1999), powieść
  - *Dama z jednorożcem* (2003), powieść

Tracy Chevalier to amerykańska autorka, która urodziła się w 1962 roku w Waszyngtonie. Po ukończeniu studiów na wydziale anglistyki w Ohio, opuściła Stany Zjednoczone i udała się do Wielkiej Brytanii, gdzie mieszka od 1984 roku. Najpierw pracowała w świecie wydawniczym, po czym rozpoczęła kurs kreatywnego pisania na University of East Anglia, podczas którego opublikowała swoje pierwsze dzieło fikcyjne, zatytułowane *Błękitna sukienka* (1997).

Dopiero druga powieść, *Dziewczyna z perłą,* przyniosła jej prawdziwy sukces. Od tego czasu często publikuje powieści historyczne, z których najbardziej znane to *Dama z jednorożcem* (2003) i *Płonął ogień twoich oczu* (2007).

# DZIEWCZYNA Z PERŁĄ

## WSZYSTKO ZACZĘŁO SIĘ OD OBRAZU...

- **Gatunek:** powieść

- **Wydanie referencyjne:** Chevalier, T., (2001). *Dziewczyna z perłą*. New York: Penguin Books.

- **Pierwsze wydanie:** 1999

- **Tematy:** malarstwo, religia, zazdrość, przyjaźń, miłość

Wydana w 1999 roku *Dziewczyna z perłą* to druga powieść Tracy Chevalier. Zainspirowana obrazem holenderskiego malarza Johannesa Vermeera (1632-1675), opowiada zmyśloną historię młodej, nieznanej kobiety, która zasiadła do tego obrazu. Rzeczywiście, do dziś historycy nie mają żadnych informacji dotyczących modelki słynnego malarza.

Jest to powieść historyczna napisana w pierwszej osobie liczby pojedynczej i opowiada historię Griet, młodej, 16-letniej służącej, od początku jej służby u Vermeerów do śmierci malarza.

# PODSUMOWANIE

W 1664 roku w Delft, Griet, młoda 16-letnia kobieta dowiaduje się, że została zatrudniona jako służąca u malarza Johannesa Vermeera (holenderski malarz, 1632-1675), ponieważ jej rodzina jest zrujnowana (wypadek kosztował jej ojca wzrok, kiedy był glazurnikiem). Jej nowi przełożeni spotykają się z nią, gdy pomaga matce w gotowaniu, a następnego dnia opuszcza rodzinę. Ojciec daje jej kawałek kafla, na którym namalowana jest dwójka dzieci: Griet i jej młodszy brat Frans.

Po przybyciu na miejsce Griet poznaje bawiące się przed drzwiami dzieci Vermeerów oraz Tanneke, drugą służącą. Tanneke przedstawia ją Marii Thins, która jest matką żony malarza, Cathariny Vermeer, i prawdziwą panią domu. Mówi jej, czego będzie się od niej oczekiwać, czyli sprzątania pracowni malarza, gdzie wszystkie przedmioty muszą być przechowywane dokładnie w tym samym miejscu, w którym zostały znalezione. Po południu idzie na targ z Tanneke, która przedstawia jej rzeźnika, u którego rodzina Vermeerów kupuje mięso. W ten sposób Griet poznaje Pietera, syna rzeźnika, który później zostanie jej mężem. Po tych spotkaniach Griet idzie nad kanał w towarzystwie dzieci i jest zastraszana przez Cornelię, drugą córkę Vermeerów. Griet policzkuje ją, by dać do zrozumienia, że nie da się zbić z tropu, a następnie uświadamia sobie, że ta młoda dziewczyna może być przyczyną jej problemów.

W niedzielę Griet wraca do domu rodziców na obiad i daje im pieniądze, które zarobiła w ciągu tygodnia. Spotyka się też z młodszą siostrą, Agnes. Niestety, kilka dni później Griet dowiaduje się od Pietera, że dzielnica, w której mieszka jej rodzina, została dotknięta dżumą i że władze zamierzają zarządzić kwarantannę. W związku z tym Catharina zabrania jej wracać do domu, dopóki epidemia oficjalnie się nie skończy. Po kilku niespokojnych dniach Pieter mówi jej, że Agnes jest chora. Pod koniec lata umiera.

Pewnego dnia Vermeer, który pracuje z pomocą camera obscura, zaprasza Griet do skorzystania z niej i wyjaśnia jej, jak działa. Jest to początek współpracy malarza i młodej kobiety. Kiedy obraz, nad którym Vermeer pracował od przyjazdu Griet, jest już ukończony, prosi on o wizytę człowieka, który go zamówił, pana Van Ruijvena. Van Ruijven jest największym klientem malarza. Podczas wizyty w sprawie obejrzenia gotowego obrazu natrafia na Griet i jest porażony jej urokiem. W pewien szczególnie mroźny styczniowy dzień, gdy młoda kobieta ma zamiar udać się do apteki po lekarstwa dla dzieci, Vermeer prosi ją o przyniesienie składników do farb, czego do tej pory nikomu nie powierzał. Cornelia, słysząc tę wymianę zdań, z zazdrości rozbija kawałek kafla Griet.

Kilka tygodni później Catharina rodzi swoje szóste dziecko. Z okazji tego wydarzenia zostaje zorganizowana wielka kolacja. Pieter przychodzi dostarczyć mięso do domu. Gdy Griet wychodzi, by go powitać, Vermeer podąża za nią i dostrzega uśmiech młodego rzeźnika. Młoda kobieta od razu zdaje sobie sprawę z napięcia między dwoma mężczyznami. W kwietniu Pieter przychodzi do kościoła Griet, aby poznać jej rodziców. Później jest regularnie zapraszany do ich domu w niedziele. Kilka miesięcy później mówi jej, że poprosi ją o rękę, gdy skończy 18 lat.

Malarz coraz częściej prosi o pomoc Griet, uczy ją nawet, jak kruszyć składniki do produkcji kolorów. Nie ma odwagi porozmawiać z żoną o tym, jak Griet mu pomaga, ale udaje mu się ją przekonać, by dziewczyna spała na strychu zamiast w piwnicy, co pozwala jej pracować dla niego bardzo wcześnie w ciągu dnia lub wieczorem przed pójściem spać.

Pewnego dnia Maria Thins odkrywa, co Griet robi dla malarza. Prosi ją, by zrobiła wszystko, co w jej mocy, by mógł szybciej malować, ale zabrania jej wspominać o swojej pomocy Catharinie czy Tanneke. Cornelia, zazdrosna o zainteresowanie ojca Griet, postanawia uczynić z jej życia piekło i zasadza się na nią tak, by Tanneke odkryła jej współpracę z artystą. Cornelia kradnie matce grzebień ze skorupy żółwia i wkłada go do rzeczy Griet, kradnąc jednocześnie grzebień służącej. Griet odkrywa ten podstęp i wspomina o nim Vermeerowi. Malarz staje po stronie Griet, a Cornelia zostaje surowo ukarana. Wsparcie, jakiego Vermeer udziela Griet przeciwko własnej córce, zmienia sposób, w jaki postrzegają ją inne kobiety w domu: Tanneke staje się milsza, rośnie nieufność Cathariny, a Maria Thins bardziej ją szanuje.

Vermeer rozpoczyna nowy obraz przedstawiający żonę Van Ruijvena. Griet, która uważa kompozycję za zbyt uporządkowaną, pozwala sobie na zmianę sposobu opadania obrusu. Zaskoczony artysta pyta ją, dlaczego dokonała zmiany i jest zdziwiony, że dowiedział się czegoś od służącej. Jego szacunek do niej rośnie.

Później Van Ruijven stwierdza, że chce być na obrazie z Griet. Zaniepokojona Griet odmawia i opowiada o swoich obawach Marii Thins. Vermeer, aby chronić młodą kobietę i jednocześnie zadowolić swojego najważniejszego klienta, obiecuje mu, że zrobi obraz przedstawiający Griet samą. Młoda kobieta siada więc przed malarzem. Aby dodać kolorytu kompozycji, Vermeer życzy sobie, aby założyła perły Cathariny. Służącej nie podoba się ten pomysł, ale nie ma wyboru. Gdy pewnego dnia układa fryzurę w magazynie, Vermeer wspina się na górę i widzi ją z rozpuszczonymi włosami. Oboje są zaniepokojeni. Zdenerwowana, że malarz widział ją w takim stanie, Griet pozwala Pieterowi robić, co chce, a on uprawia z nią seks.

Później Cornelia odkrywa, że Griet nosiła perły i postanawia poinformować o tym matkę. Jako dowód pokazuje jej obraz. Catharina gwałtownie kłóci się z mężem i próbuje zniszczyć obraz. Co więcej, oskarża Griet o bycie złodziejką. W jej obronie nie staje ani Maria Thins, ani Vermeer. Catharina poroniła w pracowni. Wstrząśnięta tymi wydarzeniami Griet ucieka.

Kilka lat później Griet jest żoną Pietera i ma dwójkę dzieci. Podczas gdy ona obsługuje swoje stoisko na rynku, Tanneke przychodzi do niej i mówi, że Catharina chce się z nią widzieć. Catharina mówi jej, że Vermeer, który zmarł, życzył sobie, aby otrzymała perły. Griet przyjmuje je i sprzedaje, myśląc, że pieniądze posłużą do spłacenia długów, jakie Vermeer miał jeszcze wobec rzeźnika. Nie zamierza powiedzieć mężowi, skąd pochodzą pieniądze.

# STUDIUM POSTACI

## GRIET

Griet jest narratorką powieści. Jest młodą kobietą z klasy robotniczej w Delft, której rodzice popadli w biedę po tym, jak jej ojciec miał wypadek, w wyniku którego oślepł. Będąc najstarszą, zostaje umieszczona jako służąca, aby wyżywić rodzinę.

Griet jest praktyczna i bardzo skrupulatna. To właśnie dlatego zostaje zatrudniona u Vermeerów: potrafi ułożyć przedmioty z pracowni dokładnie tam, gdzie je znalazła po posprzątaniu pokoju. Ma też artystyczne wyczucie: choć nie zna się na teorii malarstwa, ma malarski instynkt (nieświadomie zamawia warzywa według koloru, zmienia opad obrusu, by zmienić kompozycję obrazu itp.) Taktowna, wie jakich słów użyć, by uniknąć problemów. Ma też swój osobisty etos.

Jest całkowicie oddana Vermeerowi, choć zdaje sobie sprawę, że niektóre z rzeczy, o które ją prosi, doprowadzą do jej upadku.

## VERMEER

Vermeer jest prawdziwym artystą. Bardzo spokojny i cichy, żyje na marginesie codzienności swoich domowników: nie bierze udziału w dyskusjach dotyczących spraw domowych, pozostawia Marii Thins negocjowanie swoich kontraktów, nie interesuje się wychowaniem swoich dzieci. Dba jedynie o malarstwo: nie bierze pod uwagę konsekwencji, jakie może to mieć dla życia innych domowników, w tym Griet.

Protestant z urodzenia, przeszedł na katolicyzm, gdy poślubił Catharinę. Bardzo zakochany w swojej żonie, ma jednak problemy z młodą służącą: jest zazdrosny o Pietera, syna rzeźnika i nie pozwala van Ruijvenowi używać Griet dla swojej przyjemności, tak jak by tego chciał.

## CATHARINA

Catharina jest żoną Vermeera. Jest już matką pięciorga dzieci, a w momencie, gdy Griet przyjeżdża do nich do pracy, jest w szóstej ciąży. Choć początkowo wydaje się bardzo pewna siebie, dość szybko okazuje się, że nie czuje się dobrze w roli pani domu. Od początku postrzega Griet jako rywalkę: szybko staje się zazdrosna o zainteresowanie, jakim darzy ją mąż, a przede wszystkim o zaufanie, jakim ją obdarza. W przeciwieństwie do młodej kobiety, Catharina nie może wejść do pracowni Vermeera, ponieważ jest zbyt niezdarna.

## CORNELIA

Cornelia jest drugą córką Vermeerów. Ma zmienną naturę, podobnie jak jej matka. Od pierwszego dnia postanawia, że Griet będzie jej wrogiem: przez cały pobyt u Vermeerów dziewczyna będzie się na niej mścić za otrzymany policzek. To ona jest źródłem wszystkich problemów, jakie Griet napotka w domu.

## MARIA THINS

Maria jest matką Cathariny. Starsza kobieta o silnej osobowości, to ona tak naprawdę rządzi domem: panuje nad temperamentem córki, odpowiada za domowe finanse, negocjuje sprzedaż obrazów itp. Szybko odkrywa, że Griet nie jest taka jak inne służące: kilkakrotnie kryje ją, by umożliwić jej pracę dla Vermeera, i to ona daje jej perły do portretu. Nie waha się jednak poświęcić młodej służącej, gdy Catharina odkrywa sekret.

## TANNEKE

Tanneke jest służącą Marii Thins od czternastego roku życia. Niezwykle lojalna wobec swojej pani, jest również strasznie dumna i nie docenia zainteresowania Vermeera Griet.

## VAN RUIJVEN

Van Ruijven jest klientem Vermeera i bardzo bogatym człowiekiem, który nie ma żadnych zasad etycznych. Kobieciarz, który zapłodnił już służącą, a teraz ma na oku Griet, którą molestuje przy każdej okazji. Chciałby modelować u jej boku, ale wobec kategorycznej odmowy malarza zgadza się w końcu na posiadanie tylko jej portretu.

## VAN LEEUWENHOEK

Van Leeuwenhoek jest najbliższym przyjacielem Vermeera. Nie ceni Cathariny, która również go nie lubi. Jako lojalny człowiek polubi Griet i nie zawaha się ostrzec jej przed artystycznym szaleństwem Vermeera. Będzie wykonawcą testamentu malarza.

## PIETER

Młody rzeźnik Pieter zakochuje się w Griet w chwili, gdy się poznają. Spokojny i słodki młodzieniec, najpierw zostaje jej przyjacielem, a potem daje do zrozumienia, że chce być kimś więcej. Pozostaje cierpliwy wobec niechęci Griet i czeka na jej osiemnaste urodziny, by poprosić ją o rękę. Szanując tajemnicę narzeczonej, daje jej stosunkowo dużo swobody.

# ANALIZA

## POWIEŚĆ HISTORYCZNA

Powieść ta jest inspirowana prawdziwym obrazem wykonanym przez Johannesa Vermeera w 1665 roku zatytułowanym *Dziewczyna z perłą*. W związku z tym Tracy Chevalier dokładnie przestudiowała biografię Vermeera i jego krewnych, aby wpleść prawdziwe elementy biograficzne w fikcyjną fabułę:

- Opisane obrazy to rzeczywiście dzieła Vermeera: ten, do którego Tanneke pozowała, nazywa się *Mleczarka*, Van Ruijven rzeczywiście pozował do *Koncertu* itd;

- Vermeer przeszedł na katolicyzm;

- Van Ruijven rzeczywiście był klientem Vermeera, a van Leeuwenhoek był uczonym, który po śmierci Vermeera został mianowany kuratorem jego długów.

Sposób, w jaki amerykańska pisarka przedstawia Delft, również jest bliski historycznej prawdzie o mieście: znaczeniu handlu glinianymi naczyniami (specjalność miasta), kwarantannie niektórych dzielnic miasta z powodu zarazy itp.

Ponieważ autorka odwołuje się do rzeczywistego kontekstu i postaci, które naprawdę istniały, książkę można nazwać powieścią historyczną. Główną cechą tego gatunku jest mieszanie fikcji z faktami historycznymi. Tutaj postać Griet i jej relacja z malarzem pochodzą bezpośrednio z wyobraźni Tracy Chevalier.

## TEMAT RELIGII

Od czasów schizmy zachodniej (XIV – XV wiek) mieszkańcy Niderlandów byli głównie protestantami. Jednak w kraju tym żyła również mniejszość katolicka. Ten religijny dualizm można odnaleźć w postaci Griet, która jest protestantką, ale pracuje u Vermeerów, którzy są katolikami. Służąca nigdy nie znała katolików, dopóki nie zaczęła pracować u Vermeerów, ponieważ te dwie społeczności zazwyczaj się nie mieszały. ("Oni [katolicy] byli tolerowani w Delft, ale oczekiwano, że nie będą otwarcie paradować ze swoją wiarą", s. 13).

Dyskomfort Griet w otoczeniu religii katolickiej jest mocno podkreślony w powieści, zwłaszcza w pierwszej części:

• Autorka podkreśla niepokój Griet w obliczu obrazów przedstawiających ukrzyżowanie;

• Młoda kobieta odmawia pozostania w domu w niedziele, kiedy to z powodu zarazy nie wolno jej wracać do domu: "Nie chciałam pozostać w domu, chociaż – cokolwiek katolicy robili w niedziele – nie chciałam być wśród nich" (s. 64);

• Griet pyta Vermeera o katolicki charakter jego obrazów.

Tracy Chevalier nalega jednak na poszanowanie wiary innych ludzi: Griet zgadza się podziękować Bogu wraz z resztą rodziny przy narodzinach Franciscusa.

## NIEJEDNOZNACZNY ZWIĄZEK

Cała powieść skupia się na dwuznacznej relacji, wymieszanej z szacunkiem i niewypowiedzianym pożądaniem, jaka istnieje między Vermeerem a Griet.

Uczucia Griet wobec malarza są szczególnie widoczne, ponieważ nigdy nie nazywa go po imieniu, w przeciwieństwie do innych domowników, których nazywa po imieniu. Kiedy mówi o Vermeerze, używa słów: on, mój pan. Nie wymawia ani jego nazwiska, ani imienia.

Podobnie ich uczucia do siebie nie są nigdy sprecyzowane: wiemy jedynie, że Griet niepokoi temat rąk Vermeera na jej dłoniach, gdy uczy ją, jak rozgniatać składniki, lub sposób, w jaki na nią patrzy. Wiemy też, dzięki spojrzeniu, że Vermeer nie lubi Pietera, choć słowo "zazdrość" nigdy nie zostaje użyte.

Ich związek pozostaje w domenie tego, co niewypowiedziane i fantazji. Na przykład Griet myśli o scenie w pracowni Vermeera, by poczuć pożądanie w ramionach Pietera.

## SYMBOLIKA WŁOSÓW

Włosy mają bardzo ważne znaczenie w świecie artystycznym. Często związane są ze skromnością i uwodzeniem.

Griet zawsze nosi czapkę, czy to w domu, czy na zewnątrz. Wynika to z faktu, że jej włosy są bardzo obszerne i niesforne, co według niej sprawia, że wygląda jak "inna Griet – [...] Griet jak kobiety, które odważyły się odsłonić głowę" (s. 122). Mimo że jej związek z Pieterem jest dość intymny, nie pozwala mu zobaczyć swoich włosów, bojąc się, że będzie miał o niej złe zdanie i pomyli się co do tego, kim jest.

W dniu, w którym Vermeer widzi ją z gołą głową na strychu, podczas gdy ona układa włosy, coś w Griet pęka: "Teraz, kiedy zobaczył moje włosy, teraz, kiedy zobaczył mnie odsłoniętą, nie czułam już, że mam coś cennego do ukrycia i zachowania dla siebie" (s. 196). Porzuca swoją skromność wobec Pietera: uprawiają seks w alejce.

## ZNACZENIE POWTÓRZEŃ

Ogólna struktura powieści jest stosunkowo prosta i wynika z chronologicznego porządku wydarzeń. Dzieli się na cztery części: 1664, 1665, 1666 i 1676. Trzy pierwsze części reprezentują lata, które Griet spędza zatrudniona u rodziny Vermeerów, a ostatnia część to moment, w którym dowiaduje się o śmierci swojego dawnego mistrza i musi po raz ostatni wrócić do domu swoich dawnych pracodawców.

Między pierwszą a ostatnią częścią jest wiele podobieństw. Rzeczywiście, kiedy Griet wraca do Vermeerów, ma wrażenie, że ponownie przeżywa swój pierwszy dzień jako służąca:

• Przed domem siedzi czwórka dzieci według kolejności wielkości, a najstarsze bawi się bańkami mydlanymi;

• Dzieci starają się być pierwszymi, które opowiedzą o przybyciu Griet;

• Maria Thins jest niezmienna. Powtarza to samo zdanie, które zwykła marudzić, gdy pracowała u nich Griet: "Najwięcej kłopotów mieliśmy ze służącą" (s. 228);

• Powtarza się rada, którą często dawał jej Van Leeuwenhoek, a mianowicie "dbaj o to, by pozostać sobą" (s. 232);

• Griet policzkuje Cornelię, tak jak to zrobiła, gdy spotkały się po raz pierwszy.

Kolejnym głównym elementem powieści jest gwiazda na rynku, która wyznacza każdy główny etap życia Griet:

- W dniu, w którym zaczęła pracować jako służąca, obrała drogę wskazywaną przez ósmą gałąź gwiazdy, tę, którą nigdy wcześniej nie podążała;

- Kiedy ucieka z domu Vermeera, kilkakrotnie okrąża środek gwiazdy, bo nie wie, w którym kierunku się udać;

- Po otrzymaniu pereł Catharina kilkakrotnie okrąża gwiazdę, zanim zdecyduje się je sprzedać.

Wreszcie powtarza się jedno zdanie, które wyznacza krok od dzieciństwa do dorosłości i czas rozczarowań: "tylko złodzieje i dzieci biegają" (s. 74 & s. 216).

- Po raz pierwszy Griet myśli to zdanie, gdy wychodzi z rynku biegiem po usłyszeniu, że zaraza nawiedziła jej okolicę: oto dziecko, które chce zobaczyć rodziców.

- Po raz drugi opuszcza dom Vermeera po oskarżeniu o zabranie pereł Cathariny. Geniusz artystyczny Vermeera zwyciężył, niszcząc niewinność młodej kobiety.

# DALSZA REFLEKSJA

## KILKA PYTAŃ DO PRZEMYŚLENIA...

- W jaki sposób styl Tracy Chevalier zdradza jej popularne pochodzenie? Zilustruj swoją odpowiedź za pomocą kilku przykładów z tekstu.

- Ślepota ojca Griet mogłaby być tylko drobnym szczegółem w opowieści. Stanowi jednak kluczowy element rozwoju narracji. Co wnosi do powieści (zarówno pod względem treści, jak i formy)?

- W jaki sposób dzieło to symbolizuje utratę niewinności?

- Do jakiego gatunku literackiego należy? Uzasadnij swoją odpowiedź, posługując się przykładami.

- Choć związek Griet i Vermeera jest czysto platoniczny, czy można powiedzieć, że bywa zabarwiony erotyzmem? Dlaczego?

- W opisie obrazów Vermeera, Tracy Chevalier udaje się doskonale pokazać cechy stylu artysty. Na czym polegają te cechy? Do jakiego szerszego stylu malarskiego należą?

- Różnica religii między Griet i jej nowymi pracodawcami jest często omawiana w powieści. Jakie Twoim zdaniem przesłanie próbuje przekazać autor? Uzasadnij swoją odpowiedź.

- Susan Vreeland (amerykańska dziennikarka, urodzona w 1946 roku) zainspirowała się innym obrazem Vermeera,

*Dziewczyna w błękicie hiacyntu* (1999), aby opowiedzieć swoją historię. Jakie są różnice i podobieństwa w sposobie, w jaki obie autorki opowiedziały historię tych dwóch obrazów?

- Griet kończy swoją opowieść następującą myślą: "Nic bym go nie kosztowała. Służąca przyszła za darmo" (s. 233). Co to Twoim zdaniem oznacza?

- Peter Webber zaadaptował na ekran *Dziewczynę z perłą* (2003). Jakich środków użył, by stworzyć specyficzną dla obrazu Vermeera atmosferę, która jest tak obecna w powieści?

# DALSZE CZYTANIE

## WYDANIE REFERENCYJNE

Chevalier, T., (2001). *Dziewczyna z perłą*. New York: Penguin Books.

## ADAPTACJE

*Dziewczyna z perłą*, film Petera Webbera, w którym wystąpili Scarlett Johansson i Colin Firth, 2003.

*Chcemy usłyszeć od Ciebie, co się dzieje!*
*Zostaw komentarz na temat swojej internetowej biblioteki*
*i podziel się swoimi ulubionymi książkami w mediach społecznościowych!*

Wydawca zapewnia o wiarygodności publikowanych informacji, co jednak nie może wiązać się z jego odpowiedzialnością.

www.50minutes.com

Master ISBN: 9782808695152
Papierowy ISBN: 9782808616553
Depozyt prawny: D/2023/12603/1935

Verhaal: © Primento

Projekt cyfrowy: Primento, cyfrowy partner wydawców.